EL CARÁCTER:

Factor Clave para la Gestión del Líder
presenta a través de cuatro propuestas, un análisis
práctico del carácter como factor esencial en el
desarrollo del liderazgo. Estas propuestas son:

• Carácter en el liderazgo:
La condición intrínseca de los líderes que cambian el
mundo.

• El carácter está hecho de hábitos:
Desarrollando una vida de integridad como líderes.

• La confiabilidad:
Construyendo el mérito de ser seguido.

• El carácter:
Capacidad para afrontar las demandas de la realidad.

PATROCINADO POR:

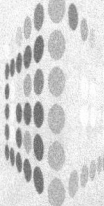

Global Leadership
CONSULTING
RIF: J-31460513-5

Factor Clave para la
EL CARÁCTER
Gestión del Líder

Dr. Jesús A. Sampedro Hidalgo
Mgs. Arnoldo A. Arana

EL CARÁCTER:
Factor Clave para la Gestión del Líder

Serie Liderazgo para la Acción

Valencia - Venezuela
2011

Impreso en Valencia, Venezuela. 2011.

CONTENIDO

Introducción

El liderazgo es esencial para el cambio y la transformación de las empresas, instituciones, comunidades y naciones. Ahora, el cambio y la transformación comienzan primero en la esfera interna del líder, en su carácter.

El carácter es el factor más decisivo para el desarrollo y crecimiento del liderazgo. Es también el área con la que los líderes generan la mayor influencia y trascendencia sobre sus seguidores. No son el talento, ni el carisma, ni la inteligencia, ni el conocimiento, los factores que más definen al líder, sino su carácter.

Es por esta razón que en esta primera entrega de la serie Liderazgo para la Acción, trataremos el tema del carácter como factor clave para la gestión del líder.

En el primer capítulo se aborda el carácter como factor constitutivo y definitorio en la vida del líder, aportando definiciones y caracterizaciones muy útiles a la conceptualización del carácter como la condición intrínseca de los líderes que cambian el mundo.

En el segundo capítulo se trata el tema de los hábitos del líder como factor generador y de consolidación de su carácter, haciendo especial énfasis en la importancia que reviste para el líder el desarrollar disciplina de vida, como requisito indispensable para cambiar, ajustar y forjar hábitos de efectividad.

En el tercer capítulo se aborda la confiabilidad como el fruto de un carácter integro y congruente en la vida del líder. La confiabilidad del líder es el factor decisivo en la generación de confianza en los seguidores; y la confianza es el combustible del liderazgo. Sin confiabilidad no hay confianza, y sin la confianza de los seguidores no hay liderazgo.

En el capítulo cuarto se define el carácter como la capacidad para descifrar y afrontar las demandas de la realidad, como base para el desempeño efectivo del líder.

Esperamos que este libro contribuya a la discusión y profundización de este aspecto tan fundamental en la gestión del líder como lo es el carácter.

I

CARÁCTER EN EL LIDERAZGO
La condición intrínseca de los líderes que cambian el mundo.

Jesús A. Sampedro Hidalgo

"El carácter es la virtud de los tiempos difíciles"
Charles de Gaulle

El carácter es la esencia que sostiene el buen liderazgo -no solo a los líderes políticos, sino también a madres y padres, maestros, líderes comunitarios, líderes espirituales, gerentes, y para todos aquellos que influencian la vida de los que tienen alrededor. Según Teodoro Roosevelt, "El carácter, en el largo plazo, es el factor decisivo tanto en la vida de un individuo como en la de una nación." En contraste, la falta de carácter ha producido derrumbes de gobiernos, empresas, equipos y personas. En esta idea encuentra sentido la frase de Heráclito: "El carácter es para el hombre su destino".

Carácter, su significado

Este apasionante pero poco explorado componente del liderazgo tiene sin duda una serie de percepciones y concepciones por demás enriquecedoras. Su estudio permite una comprensión mas detallada de los asuntos internos que hacen del líder lo que es, lo que refleja y el legado que deja. El autor y filósofo Dallas Willard describe el tema desde la vida interior oculta que aloja al carácter. El comenta lo siguiente:

"Existe una dimensión oculta para toda la vida humana, que no es visible para otros o totalmente comprensible incluso para nosotros mismos….. A partir de aquí conducimos nuestra vida lo mejor que podemos, utilizando todo recurso disponible de comprensión, emoción y circunstancia. Es aquí que estamos delante de Dios y de nuestra conciencia. Esta dimensión oculta del yo es concebida por lo general en términos espaciales: como el dentro, interior o profundidad de la persona o del yo. Tal clase de lenguaje expresa el hecho de que esta oculta y de que es fundamental. El corazón, alma, mente, sentimientos

7

e intenciones están en esta área, y éstos conforman el verdadero carácter de la persona: quién es esa persona y qué puede esperarse que haga cada una de ellas."

Expandiendo sobre esa misma noción de conformación interna, la organización Carácter Primero define carácter como "el conjunto de cualidades intrínsecas en la vida de la persona que determinan sus respuestas frente a cualquier circunstancia." El autor Os Guinness lo menciona así, "El carácter es la forma interna que hace de alguien o de algo lo que es - ya sea una persona, un vino, o un periodo histórico." En este sentido, el carácter es la configuración o constitución interna que caracteriza o distingue a una persona. Representa la estampa, las cualidades evidentes, lo que constituye a un ser humano como un ser único, distinto a cualquier otro. En afinidad a esta visión, la raíz griega de la palabra carácter refiere a un símbolo gráfico que denota una marca u otro símbolo distinguible; representando así la estampa indeleble sobre una persona. Sin embargo, es importante conocer que la connotación esencial de los griegos para el carácter trae implícita un sentido de identidad comunitaria en función a los atributos que los seres humanos comparten o la responsabilidad implícita con la sociedad, distando así de la orientación individualista que los occidentales pudiesen tener de ella.

En cercana relación a lo anterior, está la opción de poder ver al carácter como una especie de sumatoria de los elementos distintivos de un individuo que lo hacen único, esencialmente, lo que configura de alguna manera su carácter. Es esa cosa (véase como un aparente aglomerado de intangibles) de la que está hecha la persona; esto inclusive en relación a la común referencia que sugiere que alguien tiene "buena madera", o en otras palabras, una constitución interna distintiva con una apreciación favorable para cierta tarea o actividad. Ampliando esta connotación, el carácter es la relación interna del individuo sobre la cual están fundamentados sus pensamientos, discursos, decisiones, comportamiento y relaciones. En este sentido, el carácter se fundamenta en lo que el líder es, y es demostrado a través de su hacer o actuar. El mismo autor Guinness comenta que "El carácter determina el comportamiento, o el comportamiento demuestra el carácter".

La descripción del significado del carácter, según Guinness, permite verlo como una variación de tres motivos recurrentes que son esencia, consistencia y costo. A continuación una breve descripción de cada uno:

1. Esencia: Esta orientación representa al carácter desde la forma interna, núcleo o centro esencial que define a un individuo.

2. Consistencia: Como una extensión del anterior, esta perspectiva permite al individuo revelar constantemente sus atributos o su carácter. En contraposición a esto estaría alguien que actuara de forma aleatoria, en discordancia con su esencia perenne y con un cierto grado de consistencia. Alexis de Toqueville refirió a que esta consistencia estaba básicamente asociada a "hábitos del corazón", de manera tal que es posible percibir cuando alguien actúa "desde su carácter" a través de sus actividades cotidianas. Según Guinness, "El carácter es más que una colección de conductas ocasionales o un compendio de buenas intenciones; mas bien, el carácter representa quienes somos continuamente (a lo largo de la vida)". En este sentido, alguien que tan solo permanece con buenas intensiones (pero sin avanzar o cumplir hacia objetivos planteados en concreto), pudiese ser considerado como alguien no consistente, irresponsable y/o con resquebrajos en su esencia o en su carácter.

3. Costo: Según la expresión del carácter de forma consistente a través del tiempo mencionado en el punto anterior; tiene sentido que los momentos en que es mejor formado y develado mas claramente el carácter es ante las diversas pruebas que se presentan a lo largo de la jornada. Según la organización Carácter Primero, "El carácter es la motivación interna para hacer lo correcto, cueste lo que cueste." Reseñando así la idea de que hay un determinado costo implícito para que emerja el carácter.

Si bien el legado griego lo asocia a la estampa de una persona, por otra parte el legado hebreo trae implícita una connotación del carácter como algo esencialmente moral, no asociado solo a lo que la gente hace o dice sino a lo que es; en otras palabras, es un asunto de tener un corazón justo, limpio y recto. En este sentido, el carácter entonces es quién una persona es, aun cuando nadie lo está viendo. Si bien la reputación se trata de lo que el colectivo piensa de algún individuo en particular, el carácter se refiere a lo que realmente es en su más profunda y sincera realidad. Implica el asunto de la desnudez del alma que descubre y vive en libertad su verdadera realidad; todo basado entonces en la transparencia y el sentido de solvencia moral con la que una persona sea capaz de caminar ante los demás, ante sí misma y ante Dios. En relación a esta concepción, Alphonse Karr comentó lo siguiente: "Todo hombre tiene tres caracteres- el que exhibe, el que tiene y el que cree que tiene". Por otra parte, George Bernard Shaw escribió, "Mantente limpio y brillante, tu eres la ventana a través de la cual tú debes ver al mundo". Todo esto apuntando a la complejidad de entonces ver el carácter según lo que es para la persona internamente y lo que significa para su entorno, según la proyección del mismo.

¿Carácter o Imagen?

¿Estamos escondiéndonos detrás de máscaras y evasiones?

Según el autor Guinness, el carácter "yace más profundamente que filosofías, alianzas, membrecías o logros, aun más profundo que las virtudes"; y en torno al legado griego de ser la estampa indeleble sobre una persona, el concepto de carácter se impone a la realidad existente debajo de toda mascara, pose, encubrimiento o fachada social. El carácter genuino no da tregua a la falsedad o a la adaptación para la complacencia a las demandas de la sociedad (que muchas veces se perciben como irracionales y exigentes en lo que a respuestas creativas significa). Alguien que se comporta bien externamente, pero que internamente mantiene resentimiento, lascivia, egoísmo u orgullo, es descrito en este sentido como alguien hipócrita. Al explorar el origen de la palabra "hipócrita" en el contexto griego, es posible aclarar mucho al respecto. En las obras de teatro de la época, un hipócrita era sencillamente alguien que demudaba su rostro fácilmente de una expresión a otra. Un actor que era capaz de interpretar y cambiar de un momento de risa a uno de llanto, de ánimo a tristeza, de euforia a templanza. Si bien la palabra hipócrita no estaba asociada a una connotación denigrante sino artística, el uso de esa expresión fuera de ese contexto denota una transmutación anímica de la esencia de alguien que le hace ser percibido como no autentico, sino disfrazado, cambiante, falso. En este sentido, el carácter precisa la revelación de lo interno de forma auténtica, sin disfraces ni retoques para complacer al público. Para esto es importante distinguir que el carácter no es personalidad, imagen, reputación o celebridad.

¿Carácter o Habilidad?

Por otra parte, el carácter tampoco es talento, ni habilidad. Según los autores Buckingham y Clifton, los talentos "son patrones recurrente de pensamiento, sentimiento o comportamiento que pueden aplicarse de manera productiva"; y el hecho de que un individuo haga algo bien y/o con cierta facilidad, no lo convierten en una persona consistente y de carácter. Wooden refirió a esto al decir, "Ganar requiere talento, repetir requiere carácter". Los talentos que un día llevan a individuos, equipos, organizaciones o sociedades a la gloria, es importante que sean acompañados por un sistema integral (carácter) que garantice sostenibilidad, estabilidad y consistencia en sus resultados. Horace Greeley comenta creativamente que "La fama es vapor, la popularidad un accidente, las riquezas toman alas, y solo el carácter perdura"; alejando así el concepto de carácter de la concepción de acciones de éxito temporal y efímero, y asociándolo entonces al performance destacado que es sostenido, perdurable, y persistente.

El Desarrollo del Carácter

¿Hemos enfrentado las consecuencias de nuestra propia personalidad, temperamento y carácter?

Esta pregunta abre la discusión sobre el asunto determinista del carácter, de si es necesario ser condescendiente al diseño originario de cada individuo o si es posible actuar ante una determinada conformación intrínseca hasta arribar a un estado o configuración preferida. El asunto es si es posible hacer algo o no con respecto al carácter, si es posible o no transformarlo o desarrollarlo.

El autor Guinness comenta que "El carácter no es algo que uno simplemente hereda. No crece por sí mismo, como una semilla. Tiene que ser formado y cultivado". Por otra parte, el autor Willard asocia la posibilidad de transformación del carácter a la formación espiritual, y lo hace en un ámbito bastante amplio y sin considerar ningún contexto o tradición religiosa en particular. El autor comenta literalmente que la formación espiritual es "el proceso por medio del cual al espíritu o voluntad humanos se les proporciona una forma definida, o carácter". Ambos autores consideran que el carácter es algo que se forma; no es innato y que hay ingredientes y procesos asociados a la espiritualidad que determinan sus cualidades. Por consiguiente, la influencia que ciertamente ejerce el sistema de valores del mundo sobre un individuo difícilmente puede ser una excusa para justificar un determinado carácter. El asunto exige especialmente a los líderes una lucha vigorosa y exhaustiva a fin de: (1) sobreponerse a los efectos y embates que la sociedad pretende imprimir en los individuos. El asunto es marcar al mundo o ser marcado por el, es tener aguante y resiliencia ante la adversidad; y (2) conformarse con intencionalidad o iniciar un proceso de moldeado hacia una configuración conscientemente anhelada. Es decir, manifestar una orientación direccional temporal que lleva implícito tener ya en mente una clara imagen de la configuración final del carácter hacia donde se pretende ir.

Diversos autores conciben el carácter como un fenómeno sujeto a transformaciones basadas en la acción y asociadas a los hábitos. En este sentido Willard refiere que "el carácter se forma a través de la acción y se transforma a través de la acción". Igualmente comenta que las prácticas del individuo, indistintamente de su adecuación u orientación, "se convierten en hábitos, luego en sus decisiones y finalmente en su carácter". Dirigiendo así la atención hacia la progresión o suma de actividades que deparan en la conformación de un carácter. Si el carácter es algo que se puede formar, entonces las atribuciones deterministas tan comunes quedan excluidas. Además, deja mucha esperanza de transformación para el liderazgo emergente.

El Carácter, ¿Ímpetu Volátil o Dominio Propio?

"La adversidad revela tu verdadero carácter" Jim Kouzes

La palabra carácter es mas comúnmente asociada a prepotencia, altivez, ímpetu y falta de dominio propio. Sin embargo, al profundizar en el tema, se observa que tener un carácter "fuerte" es distinto a ser una persona con "fortaleza" de carácter. Un carácter fuerte es frecuentemente usado, especialmente en el contexto latinoamericano, para describir más bien a alguien que se impone impetuosamente, en vez de a alguien que con templanza y mansedumbre es capaz de abordar y dominar una situación. Según Arnoldo Arana, el fruto del carácter es la integridad ante la adversidad. Prácticamente cada vez que se habla de carácter, trae implícita la exposición o inmersión en algún tipo de reto o situación crítica. Muchos ejecutivos saben que quizás una de las mejores maneras de saber cómo es el verdadero carácter de alguien, es invitarlo a jugar golf (aunque también es aplicable a algunos otros deportes o disciplinas); esto básicamente porque el juego individual, demandante y complicado implica tener que lidiar con situaciones o jugadas de tensión, incomodas, y a veces hasta injustas. Mientras cada jugador lleva cierto dominio de su juego no hay problemas, pero basta que un jugador experimente un mal tiro para ver que reaccionará con lo que su carácter le permita expresar, es decir, allí es posible percibir como lidia cada jugador con su propia realidad ante momentos difíciles. Demostrando así que cuando un líder tiene que enfrentar una situación difícil, su verdadero carácter quedará evidenciado.

Pablo, el apóstol, en este sentido afirmó que "el sufrimiento produce perseverancia; la perseverancia, entereza de carácter; la entereza de carácter, esperanza". Plasmando así una progresión que inicia en el sufrimiento hasta derivar en la esperanza. Es interesante como el origen griego de la frase "entereza de carácter" (dokim?) refiere a alguien que tiene experiencia, alguien que ha tenido un carácter probado o aprobado, alguien que es capaz de pararse firme ante los retos luego de haber pasado previamente por dificultades o situaciones retadoras. Conlleva igualmente a pensar de forma prioritaria, pero no exclusiva, en la característica de alguien confiable y experimentado que ha pasado la prueba del tiempo y que conoce cara a cara el quebrantamiento del alma.

En el contexto del liderazgo esto tiene una interesante implicación al considerar el carácter en los procesos de captación, retención y desarrollo de talento. En este sentido es interesante diagnosticar si los líderes potenciales han sido puestos a prueba o experimentado situaciones retadoras anteriormente, o en todo caso, poder medir su condición para tal fin a través de retos inducidos. Todo esto a fin de: saber el resultado, comprobar si son irreprensibles, y considerar su aptitud para ejercer determinados roles. Alguien sometido a prueba entonces, según su original en el griego (dokimaz?), es realmente alguien que está siendo evaluado, probado, examinado; y por medio de ese escrutinio, se le está permitiendo evidenciar sus más profundos motivos y comprobando su condición de ser genuino, digno e irreprensible (anegkl?tos), antes de ser puesto a cargo en determinado rol que implique grandes retos.

Es por eso que tener fortaleza de carácter es la diferencia entre un líder maduro y uno inmaduro, es el punto intermedio entre un individuo experimentado y un novato. Según el autor Ron Jenson, "la vida es energizada por su carácter; su poder y su éxito en última instancia, fluirán de su carácter, lo que a su vez está íntimamente influenciada por su profundidad o madurez espiritual".

El carácter más que depender de las emociones, aboga por la confiabilidad del líder. La fortaleza de carácter es también la diferencia entre una persona centrada en sus prioridades y uno movido por sus pasiones egoístas. Si bien las experiencias emocionales pueden tener un amplio significado y contribución en el procesamiento de la vida de un líder, difícilmente ellas significaran transformaciones profundas. Por una parte, Joyce Meyer al referir que "la estabilidad emocional desata la habilidad"; y por otra el General H. Norman Schwarzkopf con la siguiente frase, "El liderazgo es una potente combinación de estrategia y carácter. Pero si tienes que estar sin una de estas, es mejor quedarse sin estrategia"; ambos parecen estar más a favor de una persona de carácter que de una persona hábil. En fin, el carácter es visto en contraposición a la volatilidad y al hombre de "doble ánimo" o que constantemente cambia lo que dice; está más bien asociado a llevar una vida serena, determinada y con un claro sentido de orientación.

En conclusión, la evidencia apunta hacia concebir el carácter más asociado al dominio propio que al ímpetu volátil, y es posible visualizarlo a través de una excelente metáfora asociada a la distinción entre temperamento y carácter. Esta metáfora implica imaginarse a un caballo en su estado salvaje (brioso e indómito) como el temperamento y a un hábil jinete o domador (capaz de controlar al caballo) como el carácter. Si bien el temperamento es uno de los factores constituyentes con mayor peso e influencia en la personalidad (y representa la resultante de la combinación de rasgos congénitos -heredados- que en forma subconsciente afectan el alma); por otra parte, el carácter, al ser desarrollado, está por encima del temperamento. Un carácter (jinete) que logra desarrollar su fortaleza tiene la capacidad de dominar, someter, controlar, guiar, emancipar y dirigir apropiadamente al temperamento (caballo). Solo el temperamento consigue desbordar sus bríos cuando encuentra un carácter pobremente establecido o desarrollado.

La Formación del Carácter en el Líder

La formación del carácter, visto como un proceso, implica procesamiento, perfeccionamiento y mejoramiento continúo. Para un líder, en pocas palabras, significa verse como parte de una realidad perfectible o como una obra en progreso. El desarrollo del carácter es un asunto del continuo presente. Implica una batalla interna que intenta aniquilar viejas inclinaciones a la vez que imagina el establecimiento de una nueva realidad o configuración a través de un ciclo progresivo, gradual y personalizado. Este proceso de transformación sin duda demanda energía, sabiduría y perseverancia; sin embargo, avanza ante la promesa de un futuro esperanzador que envisiona un estatus de fortaleza y éxito personal y colectivo.

La comprensión tradicional del carácter como la composición esencial de los individuos, tiene interesantes implicaciones para el liderazgo. El autor Guinness, plantea básicamente tres razones. Primero, el carácter de un líder no debe ser confundido con debilidad, blandura o precaución. Su idea fundamental es fortaleza, no seguridad. Segundo, el carácter puede incluir tanto malas como buenas cualidades. La falta de confianza en otros que mostró Stalin era tanto una cualidad de carácter como lo era el coraje indomable de Churchill. Tercero, en muchos casos el carácter-aun con sus deficiencias- está ya formado mas allá de la esperanza de un cambio mayor cuando la gente asume las más altas posiciones de liderazgo. Las relaciones públicas puede que escondan temporalmente lo que el carácter realmente es y puede que sugiera transformaciones aun pendientes, sin embargo, el carácter siempre emerge. Y siempre tendrá consecuencias.

Por otra parte, el emergente llamado a tratar desde el carácter los problemas del mundo moderno (el crimen, la mediocridad en las escuelas, la dependencia del estado, la indulgencia, la corrupción, la viveza, entre otros), surge de la frustración de aquellos que han querido afrontarlos infructuosamente a través de mecanismos puramente técnicos, económicos, legislativos o de estrategias de arquitectura social.

Es obvio que ha faltado algo más que una buena estrategia. C.S. Lewis afirmó lo siguiente, "Removemos el órgano y demandamos la función del mismo. Forjamos hombres sin corazón y esperamos de ellos virtud y dedicación. Nos reímos del honor y nos sorprendemos al encontrar traidores entre nosotros. Trozamos la planta y aun así esperamos que produzca fruto". El asunto está en los asuntos profundos del ser humano, no en lo cosmético. En pocas palabras, queremos frutos (Comportamientos loables) pero como sociedad no estamos dispuestos a atender y alimentar las raíces (Carácter).

Se han flexibilizado los estándares y las virtudes de los líderes hasta llevarlas a meras expectativas de conveniencia relativa. Los seguidores son parcialmente culpables de aceptar líderes que traen bien a la sociedad, organización o personas a pesar de consecuentes fallos personales. Es difícil pensar en un líder que gestionando excelentes beneficios a la humanidad devaste su esencia de vida personal, familiar u organizacional.

Según el autor Guinness, el carácter en los líderes es importante por dos razones: externamente, provee el punto de confianza que conecta a los líderes con sus seguidores; e internamente el carácter sirve en parte como un mecanismo para medir o mantener la orientación adecuada dándole al líder una fuente profunda para mantenerse incólume en su búsqueda de aquel bien que sabe debe procurar; y en parte como un freno ya que le provee al líder una fuente poderosa de restricción de cosas no deseables.

Según un análisis realizado en el 2009 por Sashkin y otros autores, diversos postulados de expertos en el último siglo resumen al carácter, en términos prácticos, como el hecho de tener las siguientes 3 cualidades básicas:

• **Destreza cognitiva:** Según Stogdill es "capacidad", y según Sigfried Streufert es "complejidad cognitiva".

• **Confianza para actuar:** El autor Bandura comparte el concepto de influencia asociada a la "auto-realización", en relación a la creencia de tener control sobre su destino; y según Rotter asociado al "locus interno de control". Además, la confianza al actuar puede ser visto en asociación a lo que Platón en su famosa obra La Republica llama thymos, que representa al espíritu indomable, pasión o brío.

• **Seguridad Emocional:** Es uno de las cinco atributos más importantes reconocidos por la mayoría de los sicólogos de la personalidad. David McClelland sugería que "al más alto nivel de desarrollo de liderazgo, la seguridad emocional es un aspecto central del carácter de los líderes."

Según las mismas fuentes de investigación de Sashkin y otros autores, existe una fuerte asociación entre la seguridad emocional, mediadas por buenas y justas prácticas de recompensas, y la gestión total medida un año después. Adicional a estos hallazgos, existe una fuerte asociación entre la seguridad emocional de los líderes, mediadas por buenas prácticas gerenciales y el número de nuevos productos desarrollados durante la gestión de periodo de un año.

Por otra parte, hablar de carácter es hablar también de cultura. La medición de la gestión y el desarrollo de atributos de carácter se postulan como paradigma de gestión organizacional con grandes potencialidades para una gestión congruente y de avanzada. La organización Carácter Primero, ha planteado un listado de atributos o características identificables del carácter que arrojan una perspectiva interesante para la gestión del talento en las organizaciones modernas.

Algunas Cualidades del Carácter

Alerta	Determinación	Humildad	Ingenio
Atención	Diligencia	Iniciativa	Responsabilidad
Disponibilidad	Perseverancia	Gozo	Seguridad
Firmeza	Entusiasmo	Justicia	Dominio Propio
Cautela	Fé	Lealtad	Sinceridad
Compasión	Flexibilidad	Obediencia	Esmero
Contentamiento	Perdón	Orden	Ahorratividad
Creatividad	Generosidad	Paciencia	Tolerancia
Decisión	Gratitud	Persuasión	Veracidad
Confiabilidad	Hospitalidad	Puntualidad	Sabiduría
	Humildad		

Fuente: Carácter Primero (2009)

En este sentido, esta organización refiere a la importancia de trabajar desde niveles profundos de introspección cultural. Basados en que la cultura es la consolidación de las creencias compartidas, valores, normas y prácticas que interactúan dentro de una familia, organización, o nación; consideran que es importante implementar una cultura basada en carácter para trabajar juntos en equipo y alcanzar las aspiraciones compartidas.

La formulación entonces de un esquema de liderazgo basado en carácter deriva usualmente en un impacto en su espectro de gestión, especialmente ante sus cercanos. Si bien, puede ser mal interpretado como una postura contracultural que impide el flujo normal de las actividades; sin embargo, es importante reconocer que un líder que actúa desde su carácter es motivado por aspiraciones trascendentales que le hacen no querer comprometer sus ideales y convicciones por iniciativas de conveniencia que a futuro arriesguen su constitución interna y su confiabilidad ante sus seguidores. Para el líder, su más relevante aspiración es ser responsable, congruente e integro. Peggy Nooman, comentó que un presidente necesita tener entre otras cosas "una visión del futuro que desea crear... pero una visión vale poco si un presidente no tiene el carácter -coraje y corazón- para ver que se haga realidad" (Guinness, 2000). La realidad mundial actual implora líderes en todos los ámbitos de la sociedad que contengan la capacidad intrínseca distintiva (carácter) para sostener las visiones que con tanto ahínco quieren forjar en el colectivo.

En general, es posible observar una progresión lógica o una ruta que va desde el carácter en el liderazgo, pasando por el comportamiento en el liderazgo, hasta llegar a los resultados de la gestión de una familia, organización o nación. Los hombres y mujeres que han impactado poderosamente la historia de la humanidad (en todas las esferas: educación, negocios, iglesia, medios de comunicación, gobierno, entretenimiento, y familia) tienen como denominador común una vida de fuertes convicciones arraigadas en principios trascendentales. Fueron gente que no confiaba en sus sentimientos, sino que avanzaba hacia las posibilidades futuras que les energizaban y animaban a mantenerse incólumes ante la adversidad. Gente que antes de dejar una causa, preferían entregar su vida. Gente que cultivó y desarrollo su carácter.

Desarrollando carácter:

Para reflexionar:

1. ¿Su vida interior (emociones, creencias, necesidades, etc.) guarda congruencia con tu vida externa (actitudes y conductas)?

2. ¿Percibe algún desfase entre sus valores declarados y sus valores vividos?

3. ¿Se halla su carácter en crecimiento o se siente estancado? ¿Cómo líder está usted creciendo en todas las áreas de su vida? ¿Está creciendo equilibradamente?

Pasos a seguir:

1. Revise la consistencia entre sus acciones, creencias y convicciones. Chequee la congruencia.

2. ¿Quiere crecer en liderazgo? Desarrolle carácter.

3. Comprométase con sus valores. Decida vivir conforme a sus convicciones. No negocie sus valores, ellos son la esencia de su carácter.

II

EL CARÁCTER ESTÁ HECHO DE HABITOS
Desarrollando una vida de integridad como líderes

Arnoldo A. Arana

"La excelencia no es un acto, sino un hábito"
Aristóteles

¿Le es fácil cambiar de hábitos o tiene dificultad para hacerlo? Los hábitos moldean el carácter, y el desarrollo del carácter es un factor de éxito para la formación del liderazgo.

El liderazgo exige la habilidad para cambiar y/o adoptar nuevos hábitos, que permitan dar una respuesta más efectiva a las demandas del entorno. Alcanzar metas como líder puede demandar de la persona hacer cambios importantes en sus hábitos, redistribuir de manera diferente su tiempo y sus prioridades, asociarse con personas diferentes, realizar cambios en la manera que toma decisiones, dedicar tiempo adicional a la capacitación, adquirir el hábito de la lectura, e inclusive levantarse más temprano, entre otros.

Los hábitos expresan el carácter

Los hábitos ponen de manifiesto el carácter del líder. Los hábitos exponen ante otros la integridad y valores reales de todo líder. Un viejo proverbio dice: "Siembra un hábito, cosecha un carácter; siembra un carácter, cosecha un destino". Los hábitos son factores poderosos en la vida de las personas que expresan y afectan su carácter: desempeño, creencias, integridad, ética e identidad.

Los hábitos son pautas consistentes, a menudo inconscientes, que de modo constante y cotidiano expresan el carácter. Los hábitos ponen de manifiesto la vida interior, es decir, la pobreza o riqueza de la interioridad de las personas. Esta pobreza o riqueza interior se manifiesta en los comportamientos y lenguaje habitual con que los individuos se expresan.

Una cosa es quien la persona piensa y dice que es, y otra cosa es lo que sus acciones dicen acerca de quién es en realidad. Lo que la persona hace, la forma como transcurre su existencia, más que su supuesta "esencia", dice más de ella que el concepto que tiene de sí mismo. Lo que la persona hace expresa más de su carácter que lo que ella enuncia o dice de sí misma. La forma como se desempeña dice mucho acerca del tipo de persona que es. Según el filósofo Sócrates el carácter está ligado a los hábitos. Para Sócrates carácter (ethos) se relaciona con la forma de vida. Ethos significa carácter, pero no en el sentido de talante sino en el sentido del "modo adquirido por hábito", lo que significa que el carácter se logra mediante el hábito y no por naturaleza. Dichos hábitos nacen "por repetición de actos iguales". Tus hábitos expresan, pues, en forma elocuente quien realmente es la persona, más que sus definiciones. Joyce Meyer dice: "Los hábitos son el carácter real".

Básicamente el carácter, quien la persona es, está compuesto por muchos hábitos, que se manifiestan en los comportamientos y actitudes. Es en la conducta, en lo que hace la persona cada día, en su forma de estar en el mundo, en la manera como se relaciona y se desempeña cotidianamente, que se manifiesta quien realmente se es. A través del desempeño diario se forma el carácter. El hombre a través de sus actos se hace a sí mismo. Al respecto Aristóteles dijo: "Somos lo que hacemos repetidamente". Arnold Gehlen dice que el hombre es un ser práxico, es decir un ser que actúa. Igualmente, el filósofo Fernando Savater agrega que "la acción origina al ser humano"; y acción es decisión y elección. La persona se hace y define con sus elecciones.

El carácter está hecho de muchos hábitos que la persona construye consciente o inconscientemente a lo largo de su vida. Luego cuando quiere afectar su carácter, necesita afectar sus hábitos. No basta con reflexionar sobre lo que es "moralmente correcto" o ético, o sobre cuáles son sus valores, o inquirir sobre algunas prácticas efectivas. Se puede tener valores declarados sobre diversas áreas de la vida, o percepciones y opiniones sobre lo que es conceptualmente conveniente, correcto o efectivo; pero los hábitos ponen de manifiesto en forma elocuente los valores reales (valores vividos), el estilo de vida que se ha elegido y las verdaderas definiciones que han acuñado como filosofía de vida y trabajo.

Los hábitos muestran en forma vívida la clase de persona y el tipo de líder que realmente es. Cualquier persona, por ejemplo, puede declarar que es un buen ciudadano o líder, pero con sus acciones diarias puede negar ese valor declarado cuando tira un desperdicio en la calle, o traspasa una señal de

20

tránsito, o hace trampa en el pago de sus impuestos o ignora las necesidades de sus seguidores.

Las decisiones diarias moldean el carácter

¿Cómo forman los líderes su carácter? Asumiendo posiciones firmes, estableciendo criterios claros en situaciones ambiguas, cumpliendo compromisos a pesar de los obstáculos, tomando las decisiones difíciles sin deferirlas ni esperar que otros las tomen por ellos, manteniendo fidelidad a sus propias convicciones y valores; con sus elecciones de vida, en la cotidianidad en cada una de las esferas donde se desempeñan. Las elecciones y posturas tomadas por el líder como respuesta ante los retos y desafíos con que la vida lo confronta, modelan - estampan - el carácter peculiar de cada líder.

Noah Webster, en su diccionario de 1828, define carácter como "estampar y gravar a través de presión". Es a través de enfrentar las difíciles, comprometedoras o ambiguas circunstancias de la vida, con sus presiones asociadas, que se forma el carácter. Es en la dinámica de la vida misma, en el quehacer diario, en las circunstancias que rodean a la persona en cada momento de su vida, en sus experiencias vividas, en el movimiento propio que ha experimentado como ser humano, que ha adquirido forma el carácter, como consecuencia de las elecciones que se hacen, sean decisiones u omisiones.

El término griego que a veces se traduce por "carácter" es "experiencia". Otro término usado es "marca grabada". Los griegos llamaron "carácter" al acto de imprimir una marca. Así las experiencias vividas dan forma a la persona y "graban a presión" los modelos, formas y estructuras que caracterizan su comportamiento y actitudes, y que en el presente definen el tipo de persona que se es. Hay, pues, una correlación entre las experiencias vividas y la formación del carácter. Este es un proceso cíclico que se retroalimenta constantemente. Las experiencias vividas dan forma a los valores de las personas, modelos y formas de ser, que resultan en una creencia convencional, que se manifiesta en una conducta consistente. Con cada nueva experiencia, con cada elección y exposición intencional que hace la persona ante las demandas del entorno crece e integra su carácter. En relación a este proceso comenta H. P. Liddop: "Lo que hagamos en alguna gran ocasión probablemente dependerá de lo que ya somos, y lo que ya somos es el resultado de los años anteriores de autodisciplina".

Las elecciones que las personas hacen en medio de las circunstancias diarias con las que la vida les confronta, modelan su carácter. El carácter, pues, es el resultado de las elecciones de vida. ¿Cómo se fijan en la conciencia y hábitos diarios, los valores y convicciones? Requieren ser grabados a presión, en medio de las circunstancias, optando por ser fiel a los principios y valores o doblegándose ante el peso de las circunstancias y dilemas con que la vida reta.

Cuando estas elecciones o decisiones se convierten en un patrón, una forma de responder ante las circunstancias y situaciones de la vida diaria, se hacen un hábito. Pero las decisiones diarias que edifican el carácter, las cuales con el correr del tiempo se transforman en hábitos, con frecuencia, no son fáciles de tomar. Muy a menudo se tiene que lidiar con situaciones ambiguas que demandan fijar posiciones claras en esas áreas grises. Con frecuencia las más legítimas decisiones pueden comprometer la seguridad laboral de las personas, traerle consecuencias negativas, afectar su paz familiar, ganarle enemistades gratuitas, entre otras.

El desarrollo del carácter siempre involucra, pues, una elección; y las circunstancias adversas, ambiguas y confrontadoras de la vida siempre proporcionan esa posibilidad de elección. Es en las circunstancias, pues, donde las personas más tienen que ser confrontadas con su verdadero carácter. Las adversidades, las crisis y circunstancias difíciles de la vida, ponen de manifiesto el carácter real, revelan lo que hay adentro; revelan también las grietas y debilidades. Las crisis no necesariamente forman el carácter, pero la forma como la persona decide enfrentarlas, la manera como reacciona, sí edifican su carácter: débil o fuerte, integro o con doblez, verdadero o falso. En todo caso, la forma como la persona reacciona ante las circunstancias, le permite tomar conciencia sobre el tipo de persona y líder que se es.

El carácter, pues, es una cuestión de decisión. El carácter se forja con las elecciones y acciones diarias, así se puede decidir esforzarse por alcanzar las metas desarrollando disciplina o ser vencido por los obstáculos que surgen; desistir ante la adversidad o perseverar hasta vencer ante una situación difícil; afrontar las consecuencias de los errores o evadirlas; reconocer las faltas o justificarse; mantener la integridad o ceder ante presiones externas que comprometen los valores y convicciones más fundamentales como persona; doblegarse ante la verdad o mantenerse bajo el peso de ella; expresar genuinamente las opiniones o hablar buscando la aprobación de los demás; actuar con autenticidad o esconderse bajo una fachada; sobreponerse al dolor de una pérdida o elegir anclarse en ese sufrimiento; elegir ser fiel al cónyuge, patrono o nación, o ceder a la tentación de la codicia, del placer y de la aprobación de otros. El carácter refleja, pues, la forma como la persona responde a los retos y desafíos que el entorno le presenta.

Ahora, la realidad es cambiante y con el cambio vienen nuevas demandas y exigencias que requieren que se haga una periódica revisión del sistema de creencias y valores; y que la persona afecte luego sus hábitos para modificarlos y adaptarlos al entorno que está en constante cambio. Este proceso que implica ver la realidad, percibir el cambio y luego reflexionar acerca de los paradigmas propios para finalmente desarrollar y/o ajustar los hábitos; es lo que permite enfrentar las demandas de la realidad con eficiencia y efectividad.

Por otra parte, cuando se satisfacen las exigencias de la realidad sin sacrificar los valores y convicciones, y se mueve con congruencia, vale decir, manteniendo una clara conciencia de las necesidades, un balance y correspondencia entre lo se piensa, se siente y se hace; se madura en carácter. Por el contrario, cuando se responde a las exigencias del entorno, sacrificando las creencias y principios, se erosiona el carácter.

Los momentos de definición forjan el carácter

Como líder hay momentos especiales en la vida que son los que más van a contribuir a la definición del carácter. Son esos momentos de toma de decisiones cruciales y trascendentales, en los que se fijan posiciones claras y congruentes con las convicciones y valores.

Se necesita entender que el carácter se forja en cada suceso de la vida, sobre todo en aquellos sucesos de especial significado, de impacto, que conducen a cambios trascendentales en la vida, porque es en la transformación positiva o negativa de la vida que el carácter toma forma.

Esas circunstancias de significado implicaron un momento de definición: un punto de inflexión en la toma de decisiones, una elección decisiva que cambia en forma sensible el curso de la vida. Esos momentos de definición conllevaron un encuentro con una idea o con una persona, un dilema o conflicto ante los cuales la persona no pudo permanecer neutral, y tuvo que fijar una postura, y responsabilizarse y comprometerse.

El carácter es el efecto acumulado de las decisiones tomadas a lo largo de la vida. La persona se hace y define diariamente a través de sus elecciones y acciones, sobre todo en momentos cruciales o de definición. Paul Tounier dice que en esos momentos "la vida de uno es apuntalada en una nueva dirección. En cada vida hay varios momentos especiales que cuentan más que todos los demás porque significan adoptar una postura firme, un compromiso propio, una selección decisiva".

Son los momentos de definición los que hacen que la persona revise, frente a los dilemas y conflictos que le plantea la vida cotidiana, sus más fundamentales valores; que hagas contacto con sus creencias más esenciales; que tome conciencia de lo que hay y domina realmente su corazón. Los momentos de definición ponen en evidencia que tan fuertes y firmes son sus creencias y convicciones.

Si en esos momentos de definición se es fiel a los valores y convicciones más fundamentales, entonces, las acciones serán guiadas por las reales necesidades y criterios propios independientes, y la persona no será movida por los diferentes vientos de opinión ni por las circunstancias que le toca vivir. De esta forma, a través de un proceso de toma de decisiones diarias congruentes con su sistema de creencias y valores, la persona desarrolla una identidad auténtica - sin estereotipos, máscaras, dobleces y fachadas - basada en la propia comprensión de sus necesidades, en el fruto de su propio proceso introspectivo, y no en los mapas prestados de otras personas, conveniencias, compromisos ajenos, deseos de aceptación o aprobación.

Cuando se honran los valores, éstos actúan como fuente de motivación y como guía o faro para las acciones, y la toma de decisiones fluye en congruencia con los valores y principios más esenciales. En esos momentos se crece en carácter. Eso se llama integridad de carácter (ser congruente, no dividido). Pero si no se es capaz de transformar los valores en acciones intencionales; entonces, la persona carece de congruencia e integridad y en consecuencia debilita su carácter. Al respecto comenta Joseph L. Badaracco: "Formamos nuestro carácter en los momentos de definición porque nos comprometemos con líneas de conducta irrevocables que dan forma a nuestras identidades personales y profesionales. Revelamos algo nuevo sobre nosotros a nosotros mismos y a los demás, porque los momentos de definición descubren algo que ha estado oculto o cristalizan algo que sólo conocíamos parcialmente".

Afectar los hábitos, es afectar el carácter

Los líderes necesitan disponerse a revisar sus hábitos y estar dispuestos a cambiar o hacer ajustes en ellos, si realmente quieren producir cambios reales en su carácter. El carácter se desarrolla por medio de los hábitos, y los cambios en el carácter se logran por los nuevos hábitos que se practican. Ahora, cambiar un hábito requiere un esfuerzo intencional importante; sobre todo si se considera que muchas veces ni siquiera se es consciente de ellos.

Los hábitos son fundamentalmente la interacción de tres elementos: conocimiento, capacidad y deseo.

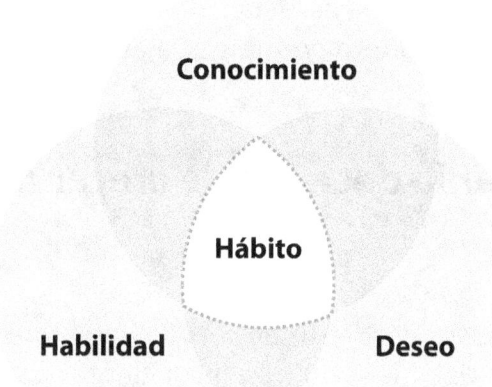

• El conocimiento (paradigma teórico) tiene que ver con el qué, con saber qué necesitas hacer.

• La capacidad es la habilidad o el cómo hacer las cosas.

• El deseo es la motivación de por qué haces lo que haces.

Desarrollar estas tres áreas es crucial para hacer cambios efectivos de hábitos. Se requiere, entonces, revisar los paradigmas (el qué). Los paradigmas son inseparables del carácter. Si se quiere hacer cambios en las actitudes y conductas, se necesita revisar y reflexionar acerca de los paradigmas que dieron lugar a éstos. Pero la reflexión por sí misma no es suficiente para producir madurez de carácter, ésta es útil para tal fin si se traduce en acción, y si esta acción da paso a un hábito. Se necesita también mejorar el desempeño (el cómo), desarrollando habilidades y destrezas, y adquiriendo nuevas competencias. Además, se requiere trabajar con los deseos y motivaciones (por qué), para fortalecer la resolución.

Si una persona por ejemplo desea cultivar el hábito de la excelencia, tiene que comenzar por saber qué es la excelencia y saber qué tiene que hacer para tener un desempeño de excelencia. También es importante desarrollar algunas habilidades y destrezas, que le lleven a mejorar su desempeño. Se requiere además de la motivación- el querer vivir con excelencia. Se debe querer ser excelente. Se necesita tener claro por qué se quiere vivir con parámetros de excelencia.

Otro ejemplo lo podemos referir al hecho de escuchar con efectividad a otras personas. Se puede ser inefectivo en las interacciones con los compañeros de trabajo, cónyuge, hijos, etc., porque constantemente se les dice lo que se piensa y siente pero nunca se les escucha realmente. A menos que la persona conozca y tome conciencia de los principios correctos de la interacción humana, tal vez ni siquiera sepa que necesita escuchar. Necesita además aprender cómo escuchar empática y efectivamente a otras personas, lo cual va a requerir desarrollar algunas competencias comunicacionales. Pero saber qué se necesita escuchar y saber cómo escuchar no basta. A menos que se quiera escuchar, a menos que tenga el deseo de escuchar, no se convertirá en un hábito en la vida. Para crear un hábito hay que trabajar esas tres dimensiones.

Los líderes necesitan tomar la decisión de crecer en carácter

Los líderes necesitan enfocarse en el desarrollo de su carácter. Sin integridad básica, los talentos y el conocimiento del líder se hacen insuficientes para liderar con éxito una organización.

Ahora, desarrollar carácter toma tiempo, enfoque y compromiso consigo mismo. No se trata de un simple cambio cosmético, o de implementar recetas rápidas y fáciles para remozar la fachada; se trata de un proceso a fondo, que requiere disciplina, y que confronta los valores y convicciones más fundamentales del líder.

En todo caso, para el líder, cambiar hábitos o desarrollar nuevos hábitos requiere de mucha disciplina. Disciplina y hábito van de la mano. El hábito es el resultado de la disciplina, y la disciplina engendra carácter. Al respecto dice Joyce Meyer: "Nuestro carácter se forma por la falta o presencia de disciplina". Y disciplina es autoeducación voluntaria. Implica resolución, enfoque y constancia. Dentro de los consejos que William James da para adquirir hábitos, está lo que él llama "conservarse entrenado". Esto habla de permanencia, constancia, esfuerzo en una práctica regular del nuevo hábito adquirido, vale decir, disciplina.

Afectar el carácter no consiste meramente en un cambio de imagen. El foco no está en lo externamente observable (conductas y actitudes), sino en la vida interior del líder (mapas, valores, convicciones, motivaciones, necesidades, emociones, ética) que a la larga da lugar a la expresión externa. El carácter es como los cimientos de una casa, una vez que se construyen, permanecen como fueron construidos. Ahora el que sea una estructura duradera no significa que no se le puedan hacer transformaciones. En todo caso, se necesita estar consciente del precio que hay que pagar para lograr la transformación.

Estas palabras de Henry Cloud representan un desafío, "Cada situación en que nos encontramos, cada demanda de la realidad nos reclama que demos ese paso para ser más de lo que ya somos". Madurar en carácter requiere, como ya dijimos, de una intencionalidad en las decisiones. La persona necesita estar decidida a crecer en carácter y afirmar esa decisión en cada una de sus elecciones, lo cual implica hacer cambios en sus hábitos e incluso adquirir nuevos hábitos.

También dice Henry Cloud que "el carácter se trata de experiencias", y agrega que "nuestra experiencia se vuelve nuestro carácter, nuestra forma de ser". Crecer en carácter implica que la persona necesita estar abierta a nuevas experiencias, y aún intentar cosas que en el pasado no ha sido capaz de hacer, cosas que le hagan estirarse más allá de sus límites.

El tema del desarrollo del carácter es de capital importancia para el líder, porque como dice John Maxwell: "Los líderes son efectivos por lo que son interiormente; por las cualidades que los hacen personas. Para llegar al más alto nivel de liderazgo, las personas tienen que desarrollar esos rasgos interiormente". Por otra parte, el carácter es el factor que más aporta o limita la confianza de los seguidores en el líder. Sin integridad de carácter no hay confiabilidad en el líder, y sin ésta no se genera confianza, y sin confianza no hay liderazgo. La confianza es el combustible del liderazgo. Por eso los líderes necesitan fortalecer su carácter, y esto no es posible sin revisar y ajustar sus hábitos de vida y de trabajo. El reto como líder está en edificar un carácter congruente, que genere confiabilidad en sus seguidores.

Desarrollando carácter:

Para reflexionar:

1. ¿Le es fácil cambiar de hábitos o le falta la disciplina necesaria para hacerlo?

2. ¿Tiene una voluntad fuerte y constante o, por el contrario, es débil e inconstante?

3. ¿Mantiene autodominio cuando las cosas no marchan bien?

Pasos a seguir:

1. Aprenda a reflexionar sobre sus experiencias.

2. Tome la decisión de crecer en carácter, comprometiéndose a cambiar sus hábitos inefectivos.

3. Asuma posiciones firmes y establezca criterios claros en situaciones ambiguas y grises.

4. Cumpla sus compromisos. Asuma responsabilidad por sus acciones.

III

LA CONFIABILIDAD DEL LIDER
Construyendo el merito de ser seguido

Jesús A. Sampedro Hidalgo

"Los líderes son confiables e incansablemente persistentes"
Warren Bennis y Burt Nanus

¿Cómo definiría usted a un vehículo confiable? ¿Lo definiría usted como un buen vehículo? ¿Es acaso un vehículo que nunca se accidenta? De seguro que todo vehículo en algún momento tendrá algún desperfecto; sin embargo, un vehículo confiable es aquel que le reporta tranquilidad y cierta seguridad ya que en líneas generales es de una marca reconocida, ha sido confiable en el pasado, no presenta signos de problemas, en resumen, es de fiar. Ahora bien, ¿Cómo define usted a un líder confiable? ¿Tendrá similitud a lo que hace confiable a un vehículo? A continuación se explora al respecto.

El tema de la confiabilidad del líder puede también verse en el espectro de algunas palabras asociadas tales como: predictibilidad, fidelidad, probidad, entre otras. Un líder confiable es una persona que es reconocida como alguien noble, fiel, insigne, leal, fiable o alguien digno de recibir el depósito de nuestra confidencia, es alguien que provee un sentido de seguridad a sus expectantes seguidores, es alguien de quien se puede depender sin problemas y a ciegas, ya que ha sido probado y ha salido comprobada su fidelidad.

Generalmente los seguidores confían en líderes predecibles, no en el sentido de monotonía y repetitividad, sino en el sentido de saber que no defraudarán, que actuarán coherentemente; y en líderes cuyos puntos de vista son conocidos. Según los autores Warren Bennis y Burt Nanus, los líderes confiables se dan a conocer; y manifiestan su posición claramente. Ellos también mencionan que, la confiabilidad implica rendición de cuentas, predictibilidad y consistencia. Es decir, para ser confiable, es importante que el líder sea abierto en su forma de vida de tal manera que la gente pueda predecir de cierta forma su conducta y por consiguiente les reporte un grado significativo de tranquilidad y estabilidad.

El sabio rey Salomón dijo que, "De todo hombre se espera lealtad"; sin embargo, muchos líderes se preguntan ¿Cómo puede uno ser confiable o leal? ¿Es la confiabilidad una condición imprescindible en todo líder? ¿Es la confiabilidad una cualidad desarrollable? ¿Cómo saber si somos confiables como líderes? Y si lo somos, ¿qué grado de confiabilidad poseemos? A continuación se presentan algunas de estas perspectivas para contribuir al desarrollo de esta importante cualidad en el espectro del liderazgo.

La confiabilidad, un elemento imprescindible para liderar

El mismo Rey Salomón formuló la siguiente aclamación seguida de una incógnita, "Son muchos los que proclaman su lealtad, pero ¿Quién puede hallar a alguien digno de confianza?" La realidad de esta era, especialmente ante la evidencia de algunos de los derrumbes organizacionales recientes, parece indicar que son realmente pocos los líderes en quienes se puede reconocer esta cualidad. Ser confiable se puede considerar cada vez más como una condición imprescindible para liderar.

El principal argumento para esto es la prueba de la perdurabilidad del líder o la expectativa y sentido de congruencia en el largo plazo que puedan tener los seguidores de que su líder mantendrá el curso y llevará a cabo la visión. El sentido de seguridad ante esta realidad provee el insumo necesario para nutrir el compromiso por parte de los seguidores. En otras palabras, los seguidores se comprometerán con el líder y con los propósitos de la organización solo si perciben que el líder seguirá avanzando con compromiso y determinación hacia el cumplimiento de sus promesas, sin variar sus creencias esenciales (obviando lo comprensible de cambios de estrategia cuando la situación lo amerite), afirmando las percepciones esperanzadoras del futuro organizacional deseado, y proveyendo las condiciones favorables de existencia en el sistema organizacional.

Nadie más puede construir la confiabilidad del líder, sino el líder mismo. En este sentido de la confiabilidad vista como algo que se construye, es interesante llegar a la concepción esencial que el autor en temas de liderazgo Jim Kouzes refiere. Él comenta sobre la integridad conductual refiriéndose al acróstico, "HLQUDQH" (siglas en inglés "DWYSYWD") que significa, "Haga Lo Que Usted Dijo Que Haría", a lo cual refiere como la clave para un liderazgo de éxito. En este sentido, el líder será medido y por consiguiente confiado por parte de sus seguidores basado en lo que dijo que haría, en la forma de llevar el proceso de confección y avance, y en si llegó a hacerlo según lo dijo.

La confiabilidad, se forja en lo relacional

La confiabilidad tiene una dimensión relacional importante. Los líderes se hacen confiables a través de la interacción con otros. El roce y la interacción son en cierta forma el vehículo a través del cual el líder se llega a hacer confiable para sus seguidores. El mismo autor Jim Kouzes refiere a la importancia de dar ejemplo de fe y coraje, y no necesariamente en eventos dramáticos, sino en las decisiones diarias hechas en los momentos más mundanos de la vida.

Por otra parte, la rigurosidad normativa y la complejidad legal a la que es sometida actualmente cualquier organización son en parte producto del desgaste, la pérdida de vitalidad de los compromisos o la falta de confiabilidad entre las personas o grupos de personas. Aunque sería mejor poder siempre confiar en lo que "dice" la gente; sin embargo, después de algunos sinsabores en transacciones pasadas muchos optan por sellar compromisos por escrito. Esto se hace generalmente bajo estrictas cláusulas penales con la finalidad de añadir "validez" a las palabras. En este sentido sería loable considerar la sugerencia de Jesus de Nazaret quien sabiamente refirió que "Cuando ustedes digan "si", que sea realmente sí; y cuando digan "no", que sea no…"; de esta manera el nivel de confiabilidad del líder estaría respaldado por la evidencia, validez y congruencia en lo relacional que va trazando a lo largo del camino desde lo más esencial, un sí o un no cumplido.

Von Krogh y otros autores dicen que la confianza mutua es una dimensión del aprecio, y comentan que "para aumentar la confiabilidad en otros y a la vez su propia reputación, usted debe comportarse consistentemente hacia esa persona, con el mínimo de sorpresas, para que así pueda ayudarle a crecer a través del tiempo." Los líderes deben emprender acciones creativas y genuinas para establecer una base sólida de confianza, lograr una visión compartida y desarrollar la perdurabilidad en las relaciones. El desarrollo de un ambiente participativo entre el líder y sus seguidores puede facilitar el desarrollo de la confiabilidad del líder. Según la autora Joanne Ciulla de la Escuela de Estudios de Liderazgo Jepson, "el liderazgo para ser ético y efectivo, tiene que ser participativo." Persuadir a los colaboradores dentro de las organizaciones a estar más involucrados en procesos estratégicos hasta tendría implicaciones en la efectividad y en la moral de la gente.

La confiabilidad, tiene implicaciones organizacionales

Cuando un líder genera confiabilidad personal, también influencia la realidad organizacional. Los líderes confiables logran impregnar los procesos organizacionales de confiabilidad. Según Bennis y Nanus, "la confiabilidad es el lubricante que hace posible que las organizaciones funcionen" y "la pega que mantiene la integridad organizacional". Luhman dice que "nosotros confiamos en la gente y experimentamos lo confiable que son las organizaciones." El nivel de confianza en el líder que puedan tener los seguidores dentro de una organización; primero que nada, se gana. Es decir, que los seguidores no seguirán al líder solo en base a su posición jerárquica o a su buena reputación. El líder debe merecerse el respeto y generar la seguridad de su gente a través de un proceso y se puede llegar a convertir en un elemento importante (y hasta diferenciador) en el desarrollo de la organización en el largo plazo. Según los autores Warren Bennis y Burt Nanus, "la acumulación de confiabilidad es lo que mide la legitimidad del liderazgo. No puede obtenerse vía mandato ni ser comprada; debe ser ganada". Lo idóneo es que la confianza llegue a formar parte de la cultura organizacional de manera que logre permear a los procesos organizacionales. Esta perspectiva es validada por el ex-presidente de Nucor Corporation, el Sr. Iverson, quien consideró que el éxito de un negocio esta "relacionado a la cultura organizacional en un 70%".

Tras los líderes confiables

Luego de considerar lo imprescindible de esta cualidad para liderar y de sus dimensiones relacionales y organizacionales, es posible enfatizar su asociación con cualidades internas que denoten lo incansable, comprometido y persistente que puede ser el líder. Pero una de las más cruciales connotaciones que quizás tiene la confiabilidad en la vida de cualquier líder es que lo hace "digno de ser seguido", ya que esta cualidad está asociada al carácter probo y a la integridad del líder, generando así contingentes de personas que anhelen seguir, sigan, y experimenten significado al avanzar hacia propósitos significativos al lado de alguien que eleva su valía y que por encima de todo, les hace sentir confiados y les enseña a ser confiables ellos mismos.

¿Cómo puede un líder desarrollar la confiabilidad?

✓ **Comprométase a la transparencia:** Cuando un líder anda con muchos rodeos o no es claro en su andar, quizás tenga algo que esconder. Y si no, al menos eso hará pensar en sus seguidores. Comprometerse a ser transparente significa procurar voluntariamente que otros conozcan, en lo posible, puntos de vista, algunos secretos compartibles, es decir la vida tal cual es.

✓ **Busque y mantenga un Mentor o Coach:** Es importante que los líderes tengan amigos, mentores o coaches que les ayuden a ver sus puntos ciegos, les reten a pensar y actuar coherentemente, constaten sus valores y les ayuden a avanzar en la dirección correcta.

✓ **Esfuércese por tener una accesibilidad idónea:** ¿Puede la gente conseguirle o tener acceso a usted? Esto dependerá de la implementación de un Sistema de Comunicación Eficiente (SCE). Es obvio que un líder no podrá atender a cada persona en el momento que esa persona le requiera; sin embargo, el líder debe generar un sistema que logre suplir adecuadamente dicha necesidad lo más pronto posible. Esto tendrá dimensiones diferentes en cada líder, sin embargo es importante considerar:

1. Proveer adecuada información de contacto (decir que le contacten vía email o vía teléfono según sea su preferencia), o sugerir contactar a la persona adecuada en caso de que el asunto no sea inherencia directa del líder.

2. Responder adecuada, relevante y efectivamente las comunicaciones.

3. Proveer información sobre cuando usted no estará disponible (por ejemplo, en caso de viaje).

✓ **Busque obtener constante feedback por parte de sus seguidores:** Pregúntele de vez en cuando a sus seguidores o miembros de equipo: ¿Hay algo que no está claro en lo que hacemos? ¿Hay algo que haya puesto en duda mi reputación o la reputación de la organización en el último mes? ¿Te he ofendido en algo? ¿Estoy siendo congruente con mis valores, tus valores y los valores de la organización? ¿Qué puedo hacer para desarrollar aún más confianza entre los miembros de nuestro equipo?

Desarrollando carácter:

Para reflexionar:

1. ¿Confía la gente en usted cuando hay situaciones difíciles y delicadas?

2. ¿Se siente usted digno de confianza?

3. Dada su congruencia, ¿usted se hace predecible para la gente?

4. ¿Qué puede hacer para desarrollar aún más confianza entre sus seguidores?

Pasos a seguir:

1. Pida retroalimentación de su equipo de trabajo, y sea receptivo a sus sugerencias y opiniones.

2. Manténgase disponible para su equipo de trabajo.

3. Comprométase a la transparencia. Honre sus compromisos.

IV

EL CARÁCTER
Capacidad para afrontar las demandas de la realidad

Arnoldo A. Arana

*La forma en que un líder trata con las circunstancias de la vida
dice mucho de su carácter.
Las crisis no necesariamente forman el carácter,
pero sí lo revelan.*

¿Qué tan prioritario es para los líderes construir un carácter maduro, estable y firme como base para su desarrollo como líder? ¿Cuál es el peso del carácter en la efectividad de la gestión del líder? Sin duda alguna el carácter es la piedra angular para el desarrollo del liderazgo. Los líderes necesitan enfocarse en el desarrollo de su carácter. Sin integridad, entereza y coherencia de carácter, las habilidades, la inteligencia y la educación del líder se hacen insuficientes para liderar con éxito una organización y lidiar con las demandas de la realidad.

El carácter es el área con la que los líderes generan el mayor impacto y trascendencia sobre las personas. No son el carisma, ni la inteligencia, ni el conocimiento, ni el talento las áreas con las que los líderes producen el mayor impacto y que le llevan al éxito. Por el contrario, como afirma Henry Cloud: "Lo que es una persona (su carácter, cursivas mías) es lo que determinará si su inteligencia, sus talentos, sus competencias, su energía, su esfuerzo, sus capacidades para los negocios y sus oportunidades tendrán éxito". De modo que la formación de un buen carácter facilita y coadyuva a desatar y mantener el esfuerzo de la habilidad. Pero si su carácter es deficiente, terminará anulando u obstaculizando el ejercicio y desarrollo de sus talentos e inteligencia, fallando de esta manera en alcanzar todo su potencial.

Por otra parte, el carácter es el área donde los líderes son más confrontados, medidos, probados y cuestionados. La gente es más tolerante y comprensiva con fallas en la ejecución o en el conocimiento, pero los fallos del carácter son penalizados muy fuertemente. Para algunos expertos organizacionales como Stephen Covey, el área del carácter es precisamente donde los líderes más fallan. Al respecto comenta el autor: "El 90% de todos los fallos del liderazgo son fallos de carácter".

Un aspecto vital para la edificación del carácter como líder que se analiza en este artículo, es el desarrollar las competencias de carácter necesarias para lidiar exitosamente con las demandas de la realidad.

El liderazgo requiere de entereza y fuerza de carácter para enfrentar con éxito las exigencias de la realidad.

Henry Cloud lo resume de la siguiente manera: "El carácter es la capacidad de satisfacer las exigencias de la realidad". Ahora, para lograr este cometido se necesita mejorar y crecer en el desempeño, en todas las áreas de la vida. "Muchas veces, cuando se habla de carácter en el sentido de integridad, la gente lo asocia mayormente al tema de la ética y la moral, no al desempeño. Pero responder a las demandas de la realidad, va a exigir además de la moral y la ética, mejorar el desempeño, para lo cual necesitas edificar hábitos de efectividad personal. Una de las palabras hebreas que se aproximan al significado de carácter es la palabra virtud, que tiene como uno de sus significados "fuerza". Alguien virtuoso es una fuerza, y una fuerza siempre deja un resultado positivo (problema o conflicto resuelto, crecimiento, metas alcanzadas, relaciones estables y edificantes, etc.). El carácter, pues, se relaciona tanto con el modo de ser como con la capacidad (entereza, energía, fuerza, poder) para resolver los desafíos y retos con los que le toca lidiar al líder (tareas, relaciones, cambios, etc.). Es importante definir, entonces, el carácter no sólo como modo de ser sino también como capacidad.

Este aspecto de contar con las competencias de carácter (entereza, fuerza) para enfrentar los retos y desafíos, tiene que ver con la capacidad resolver la realidad para producir resultados, alcanzar objetivos, lograr metas, sobreponerse a los embates y circunstancias adversas, y salir airoso en el proceso.

Ahora, las demandas de la realidad pueden ser muchas y muy variadas y abarcan los diversos roles en los que las personas se desempeñan: padre o madre, hijo o hija, trabajador/empresario, ciudadano, amigo, etc. Afecta las relaciones interpersonales, los negocios, la vida familiar, el ejercicio ciudadano, etc. De ahí la necesidad de crecer integralmente (integridad básica) en carácter para poder enfrentar las demandas de la realidad. Es decir, crecer en todas las áreas del ser y el hacer. Crecer en forma integrada y completa, como consecuencia de ser una persona íntegra (no dividida- no compartamentalizada). Ser, pues, una persona con integridad requiere que todo lo que define el ser funcione en forma integrada y equilibrada, como una totalidad. Este aspecto es esencial para la efectividad a largo plazo y para desarrollar la competencia necesaria para enfrentar con éxito una realidad que se caracteriza por ser multidimensional y variada.

Sin entereza de carácter es difícil descifrar y lidiar efectivamente con las demandas y desafíos de la realidad, en los diferentes ámbitos de actuación personal u organizacional. Así por ejemplo, en el ámbito laboral/organizacional puede que corresponda trabajar con personas difíciles y problemáticas; ahora bien, el líder puede desistir de trabajar con esas personas, dejar de hacer equipo con ellas, dejar a un lado esas relaciones (no importando el potencial que encierran); o mostrar entereza de carácter y actuar proactivamente, sin darse excusas como "es que con esa persona no se puede trabajar" y hacer que esa relación funcione. En ocasiones le puede corresponder hacer tareas abrumadoras o que no le gusten, o inclusive enfrentar resultados adversos; pero él decide y determina con su entereza o no de carácter, si pierde el control, si se declara derrotado, si se doblega ante los resultados negativos; o si se sobrepone y redobla esfuerzos, si se aplica a la tarea con más empeño, si persevera hasta revertir la situación.

Descifrando la realidad

Si se define el carácter como la capacidad de afrontar las demandas de la realidad, entonces, es necesario definir qué es la realidad. Ahora, definir la realidad puede resultar complejo. Una definición pragmática de la realidad, es asociarla con la verdad; la realidad válida está casada con la verdad, y la verdad son los hechos y eventos de la vida, independientemente de la percepción de esos hechos. Si no se hace honor a la verdad y se da lugar al engaño y la mentira; tarde o temprano la verdad nos confrontará, nos dejará desnudos y expuestos a la vergüenza y a la falta de credibilidad.

La gente puede tener la tendencia a decir verdades a medias o mentiras blancas, o sesgar/disfrazar la verdad, para evitar incomodidades, desaprobación o consecuencias negativas, o vivir en la negación de la realidad por temor a enfrentarla. Muchas personas evitan aceptar la realidad porque ésta les resulta amenazante o porque les obliga a aceptar su responsabilidad en esa realidad, o les exige ver sus carencias y limitaciones, pero como dice

Henry Cloud: "Las consecuencias del engaño por lo general son mayores que las consecuencias de la verdad". El desconocer la realidad por ignorancia, negligencia intencional, o temor a descubrirla o confrontarla, trae en el largo plazo resultados desastrosos.

Las personas con integridad de carácter no disfrazan o evaden la realidad, sino que la buscan intensa y decididamente. Tienen una orientación hacia la verdad y ven la realidad como una aliada estratégica indispensable, por eso la buscan tan tenazmente. En este sentido, son proactivos en el proceso de descubrir la realidad, no permanecen pasivos esperando que la realidad se les revele, o a que alguien se la comunique, o que la realidad los arroye cuando su presencia no pueda ocultarse.

Ahora, buscar y explorar la verdad demanda recorrer dos vertientes que necesitan integrarse y alinearse: una interna y otra externa. La interna es la verdad de las necesidades concientizadas y las creencias y valores metabolizados: digeridos, experimentados, probados, comprometidos y asumidos responsable y conscientemente. La realidad interna es la que permite mantener congruencia con las acciones. La externa es la realidad de los hechos y eventos que ocurren, de los resultados que se generan y de las personas que nos rodean. La realidad interna está asociada también a la verdad de quién se es como persona, con sus talentos, dones, fortalezas y también carencias y debilidades. En este sentido, las personas integras buscan activamente la retroalimentación, y no tienen temor a lo que terminen descubriendo o recibiendo. La realidad externa también abarca la verdad de las personas alrededor, tal y como son según sus hechos, y no como una proyección e idealización particular.

Por otra parte, la realidad no es estática sino dinámica. Cambia constantemente y muta. En este sentido, si el líder no está orientado al cambio, si carece de flexibilidad para cambiar, cuando la realidad cambie, se encontrará desfasado, anclado en sus creencias y mapas sobre cómo es y funciona la realidad; y será, en consecuencia, incapaz de lidiar efectivamente con ella. ¿Qué sucede si el mundo cambia y la persona no lo nota? Perderá efectividad, sus decisiones dejarán de ser pertinentes.

El líder necesita, pues, tener una clara comprensión de la realidad, aceptarla y confrontarla tal como es. Necesita saber dónde está realmente parado. Mientras permanezca en lo que desearía que fuese la verdad, jamás verá lo que es en verdad. Como líder precisa estar al tanto de la realidad. La realidad puede ser su aliada o enemiga, depende de si decide ignorarla o evaluarla, idealizarla (verla como te gustaría que fuera) o verla en forma realista (conforme a los hechos). Si la ve como es, entonces puede tomar las previsiones y las estrategias adecuadas y oportunas para resolverla a su favor.

Líderes de carácter en momentos difíciles

Con mucha frecuencia la realidad es hostil, brutal y confrontadora; llena de circunstancias adversas y limitantes que pueden, inclusive, comprometer la supervivencia de la organización, que involucran un alto riesgo personal, familiar u organizacional; llena de dilemas y conflictos que van a demandar del líder tomar decisiones difíciles o que fije posiciones claras, firmes y congruentes.

La realidad es un laboratorio para la formación del carácter. El carácter (pensamientos, emociones y voluntad) se forja con las elecciones y decisiones diarias, en medio de las experiencias de vida y de las circunstancias con que la realidad nos confronta. La realidad (cultura, circunstancias, eventos de diversa índole, personas, etc.) puga por darle forma a toda persona. Como la persona decide responder a la realidad, ésta le moldeará con un carácter débil o fuerte, firme o inconstante, veraz o con doblez, integro o falso e incongruente. Si la respuesta a esas demandas de la realidad es un reflejo de los valores, creencias y convicciones, y las necesidades concientizadas; eso se traduce en comportamientos, actitudes y hábitos congruentes con las necesidades y valores; entonces los resultados de vida y en la gestión serán satisfactorios, caracterizados por la efectividad personal; de lo contrario, el resultado a esperar es el fracaso sostenido.

Cuando la realidad confronta, reta y sacude al líder, y éste acciona asumiendo posiciones firmes, estableciendo criterios claros en situaciones ambiguas, responsabilizándose por sus decisiones, cumpliendo compromisos a pesar de los obstáculos, tomando las decisiones difíciles sin deferirlas y manteniendo fidelidad a sus propias convicciones y valores, el resultado es el crecimiento en carácter. Cuando hace lo contrario, erosiona y debilita su carácter, y mengua en su capacidad para enfrentar las demandas de la realidad; más aún pierde la oportunidad para desarrollar las competencias de carácter que la propia realidad constantemente le estará demandando para que la descifre, encare y resuelva con efectividad.

Evidencias de haber descifrado y respondido a la realidad con efectividad

Hay dos áreas en las cuales se aprecia en forma fehaciente cuando un líder está afrontando las demandas de la realidad con éxito. Estas dos áreas responden, según Henry Cloud, a dos preguntas: ¿Qué logro? y ¿Cómo me llevó con la gente? La respuesta a estas dos preguntas se traducen en dos áreas de desempeño fundamentales para un líder: tareas y relaciones. Los líderes al evaluar su desempeño en retrospectiva, deberían preguntarse: ¿Qué metas / objetivos alcancé? ¿Qué resultados generaron mis acciones? ¿Hubo un crecimiento en el negocio / organización que lideré? ¿Qué legado dejo como trabajador / líder / ciudadano / etc.? ¿Cómo me llevo con la gente? ¿Les agrego valor a las personas al pasar por su vida? ¿Las enriquezco? ¿Cómo me recuerdan las personas que hicieron negocios o trabajaron conmigo? ¿Me recomendarían? ¿Tengo amigos que me aprecian? Si la respuesta a estas interrogantes es positiva, entonces, el líder puede concluir que ha desarrollado las competencias de carácter necesarias para enfrentar con éxito las demandas de la realidad; si por el contrario, la respuesta es negativa, como líder necesita revisar su desempeño y trabajar con disciplina en edificar entereza de carácter, en crecer en integridad.

Desarrollando carácter:

Para reflexionar:

1. ¿Cómo es la retroalimentación de la gente a la que usted lidera acerca del valor agregado que le ha dejado al pasar por su vida?

2. ¿Qué resultados observa al mirar en retrospectiva las diferentes áreas de su vida: familia, profesión, aporte a la comunidad, etc.?

3. ¿Cómo líder cuáles son las metas y objetivos de impacto que ha alcanzado en su gestión como líder?

4. ¿Tiende a ser firme a la hora de establecer posturas claras cuando la realidad lo confronta y lo reta en sus más personales valores de vida?

Pasos a seguir:

1. Decida aceptar y enfrentar la realidad que lo confronta, por más brutal y cruda que sea, de esa forma la realidad será su aliada.

2. Cultive entereza de carácter a través de asumir un compromiso hacia el logro de los resultados. No se dé excusas cuando los resultados no se consiguen.

3. Haga una evaluación y clarificación de cuáles son sus más vitales valores, los que nunca negociaría, no importando los duro que la realidad le trate.

Referencias Bibliográficas

Capítulo I: Carácter en el liderazgo: La condición intrínseca de los líderes que cambian el mundo.

1. Arana, A. (2005) Liderazgo de Excelencia. Material sin publicar.
2. Buckingham, M. y Clifton, D. (2001). Ahora, Descubra sus Fortalezas. Bogotá, Colombia: Editorial Norma.
3. Blue Letter Bible (2011). Diccionario y Búsqueda de Palabras de dokimaz? y otros (Strong's 1381). Tomado de internet el 23 de Enero de 2011 desde <http://www.blueletterbible.org/lang/lexicon/lexicon.cfm?Strongs=G1381&t=KJV >
4. Caracter Primero (2010) 49 Cualidades del Caracter. Tomado de internet el 30 Junio de 2009 de http://www.caracterprimero.com/49cualidades.htm
5. Guinness, O., (2000). When No One Sees: The Importance of Character in an Age of Image. Colorado Springs, CO: NavPress.
6. Jenson, R. (2002) Como alcanzar el éxito auténtico. San Diego, CA: Future Achievement.
7. La Santa Biblia. Nueva Versión Internacional. (Romanos 5:3-4).
8. Willard, D. (2008). La gran omisión: Volviendo a las enseñanzas esenciales de Jesus sobre el discipulado (3ra Edición). Grand Rapids, MI: Vida.
9. Sashkin, M., El Tarabishy, A. and Harvey, M. (2009) Leadership Character: The unseen essence of perceived effectiveness. The Member Connector, Jan/Feb 2009. International Leadership Association.

Capítulo II: El carácter está hecho de hábitos: Desarrollando una vida de integridad como líderes.

1. Cloud, H. (2006) Integridad, Editorial Vida.
2. Harvard Business Review (1996) Liderazgo. Editorial Deusto.
3. Hendricks, H. (1997) Enseñando para Cambiar Vidas, Editorial Flet.
4. Barroso, M. (2005) Meditaciones Gerenciales, Editorial Galac.
5. Covey, S. (1994) 7 Hábitos de la Gente Altamente Efectiva, Editorial Paidos.
6. Savater, F. (2003) El Valor de Elegir, Editorial Ariel.
7. Maxwell, J. (2007) Liderazgo, Principios de Oro. Editorial Lidere.
8. Meyer, J. (2002) El Desarrollo de un Líder. Editorial Casa Creación.
9. McDowell, S., Beliles, M. (1992) Principios Bíblicos para la Reforma de las Naciones.
10. Covey, S. (2005) El 8vo. Hábito. Editorial Paidos Empresa.

Capítulo III: La confiabilidad: Construyendo el mérito de ser seguido.

1. Arana, A. (2004) La excelencia en el liderazgo (Por publicar)
2. Barrett, R. (1998) Liberating the Corporate Soul: Building a Visionary Organization. Butterwirth-Heineman Publications.
3. Bennis, W. and Nanus, B. (1985) Leaders, the strategies for taking charge. New York, NY: Harper & Row Publishers.
4. Ciulla, J. B. (1998). Ethics: The Heart of Leadership, p.182. Westport, CT: Praeger.
5. La Santa Biblia. Nueva Versión Internacional (NVI) (Proverbios 19:22; 6:20: Mateo 5:37).
6. Von Krogh, G., Ichijo, K., & Nonaka, I. (2000). Enabling knowledge creation: How to unlock the mystery of tacit knowledge and release the power of innovation, p. 50. Oxford: Oxford Press.

Capítulo IV: El carácter: Capacidad para afrontar las demandas de la realidad.

1. Arana, A. (2009) El carácter está hecho de hábitos. Tomado de Internet el 15/01/2010 de
http://www.glcconsulting.com.ve/articulos/Articulo_El%20caracter%20esta%20hecho%20de%20habitos_Arnoldo%20Arana.pdf
2. Cloud, H. (2006) Integridad. Editorial Vida.
3. Harvard Business Review (1996) Liderazgo. Editorial Deusto.
4. Meyer, J. (2002) El Desarrollo de un Líder. Editorial Casa Creación.
5. Covey, S. (2005) El 8vo. Hábito. Editorial Paidos Empresa.

El Carácter: Factor Clave para la Gestión del Líder

presenta a través de cuatro propuestas, un análisis práctico del carácter como factor esencial en el desarrollo del liderazgo. Estas propuestas son:

- **Carácter en el liderazgo:** La condición intrínseca de los líderes que cambian el mundo.
- **El carácter está hecho de hábitos:** Desarrollando una vida de integridad como líderes.
- **La confiabilidad:** Construyendo el mérito de ser seguido.
- **El carácter:** Capacidad para afrontar las demandas de la realidad.

Acerca de los Autores

Arnoldo A. Arana

Maestría en Gerencia de Empresas y Licenciatura en Contaduría Pública de la Universidad del Zulia. Es certificado como facilitador en Dinámicas de Grupo por el Centro de Aprendizaje e Investigación en Facilitación Gestáltica (CENAIF), donde además se formó como psicoterapeuta en procesos personales. Tiene una certificación (diplomado) como coach avalado por la firma Future Achievement International y la Universidad Iberoamericana de Liderazgo. Posee una certificación como Coach por Lifeforming Leadership Coaching. Se ha desempeñado como profesor universitario en instituciones tales como la Universidad del Zulia (LUZ), la Universidad de Carabobo (UC) y la Universidad de la Tercera Edad (UTE). A la fecha se desempeña como docente en la Universidad de Carabobo. Así mismo ha ocupado posiciones gerenciales en importantes empresas de Venezuela. Ha recibido capacitación con John C. Maxwell. Ha sido conferencista y facilitador/consultor en temas relacionados al Liderazgo y la Gerencia, para diversas empresas e instituciones en el país y en el exterior. Ha publicado artículos en variados medios como revistas, periódicos y web. Es Director/Consultor de Global Leadership Consulting.

Posee un Doctorado en Liderazgo Estratégico (DSL) y una Maestría en Administración de Negocios (MBA) de la Universidad Regent en Virginia, EEUU. Igualmente posee una licenciatura en Administración Comercial y un Diplomado en Comercio Exterior, ambos de la Universidad de Carabobo en Venezuela. Es Coach Trainer de Liderazgo certificado por la organización Lifeforming Leadership Coaching (EEUU). Ha trabajado en el área de mercadeo en instituciones financieras y de desarrollos urbanísticos. Ha sido conferencista, instructor/facilitador, coach y consultor en temas relacionados a la gerencia y el liderazgo para diversas audiencias internacionales incluyendo: EEUU, Republica Checa, Singapur, Trinidad, Guatemala, Ecuador y Venezuela. El adiestramiento provisto ha alcanzado niveles supervisorio, gerencial y ejecutivo en una variedad de instituciones educativas, gubernamentales, sin fines de lucro y especialmente corporaciones tales como Bridgestone/Firestone, DANA, Lincoln Electric, entre otras. Investiga y publica en diversos medios especializados en los mismos tópicos. Como docente de pregrado y posgrado ha impartido las materias de Liderazgo, Comercio Internacional, Investigación de Mercados Internacionales y Comportamiento Organizacional en la Universidad Regent (Virginia, EEUU), MACU (Oklahoma, EEUU) y Universidad de Carabobo (Carabobo, Venezuela). Es fundador y director de la firma de formación, coaching y consultoría en liderazgo "Global Leadership Consulting, c.a." Ha desempeñado activamente diversos roles comunitarios tales como líder estudiantil, miembro de la International Leadership Association (ILA), directivo del CBMC International, y directivo de la Asociación de Ejecutivos del Estado Carabobo, entre otros.

**Jesús A.
Sampedro Hidalgo**

www.ingramcontent.com/pod-product-compliance
Lightning Source LLC
Chambersburg PA
CBHW081622170526
45166CB00009B/3069